AF229227

LA VÉRITÉ

SUR LES

ÉVÉNEMENTS DE SAINT-PIERRE

(MARTINIQUE)

DES 18 ET 19 JUILLET 1881

Et sur la situation faite à la race européenne dans cette colonie

Par le Dr LOTA

PARIS

DUBUISSON & Cie, IMPRIMEUR BREVETÉ

5 — RUE COQ-HÉRON — 5

1881

LA VÉRITÉ

SUR LES

ÉVÉNEMENTS DE SAINT-PIERRE

(MARTINIQUE)

Les événements graves dont la ville de Saint-Pierre (Martinique) a été le théâtre dans les journées des 18 et 19 juillet 1881, et dont les conséquences pèsent encore aujourd'hui sur la population de race européenne dans cette colonie, méritent d'être rapidement étudiés dans leurs causes, avant d'être succinctement exposés dans leur cours et considérés dans leurs effets.

A la Martinique, comme dans la plupart des colonies des Antilles, deux races se trouvent en présence : la race blanche, d'origine européenne, qui a colonisé l'île et longtemps joui de priviléges, complétement abolis aujourd'hui; la race noire, d'origine africaine, importée dans la colonie, esclave pendant une longue suite d'années, émancipée tout entière depuis la révolution de 1848 et jouissant, depuis cette époque, de tous les droits civils et politiques que la loi accorde aux citoyens français. Entre ces deux races se place le produit de leur union, la classe des mulâtres, se rapprochant plus ou moins de l'une ou de l'autre race originelle par la coloration de la peau, généralement plus intelligente, plus industrieuse, plus riche que la race noire et cherchant à se mettre de niveau, dans ses éléments supérieurs, avec la classe blanche. Les nègres et les mulâtres sont, par opposition aux blancs, désignés sous le nom d'hommes de couleur, désignation plus particulièrement affectée aux sang-mêlés.

Les hommes de couleur, nègres et mulâtres réunis, sont, à la Martinique, douze ou quatorze fois plus nombreux que les blancs; ceux-ci, néanmoins, malgré leur petit nombre, forment la classe dominante, aussi bien par leur instruction que par leur fortune, quoique bon nombre de mulâtres les égalent sous ces deux rapports; mais, il est bon de le rappeler, ils ne possèdent aucun privilège, la loi française régnant dans les colonies comme dans la métropole : mêmes droits, mêmes devoirs.

Dans les relations sociales, l'homme de race européenne conserve toujours quelque chose de son ancienne prééminence, et les alliances légitimes entre les blancs et les gens de couleur ne sont pas communes : ce qui constitue le préjugé.

En temps ordinaire, dans les situations paisibles, ces divers éléments de la population coloniale vivent en très bonne intelligence et concourent, les uns par leurs capitaux et leur industrie, les autres par leur travail, à la prospérité de la colonie ; mais quand une cause de dissentiment éclate, fût-ce seulement entre deux individus notables de race différente, elle devient facilement un ferment de dissension générale, et la vieille rivalité de race vient tout envenimer.

Que la cause du différend soit sociale, politique ou religieuse, si elle produit une effervescence publique, la population se scinde en deux parties : d'un côté, la race européenne, de l'autre la race africaine. Tout se ramène à une question d'épiderme, de sorte qu'aux colonies, à la Martinique particulièrement, il n'y a pas, à proprement parler, de dissentiments politiques comme en France, mais des querelles de caste et de race.

Aussi, le législateur sage (1), pour prévenir les divisions que le souvenir des institutions anciennes aurait pu exciter, avait expressément défendu, sous des peines sévères, d'évoquer la mémoire de l'esclavage, à jamais aboli sur toute l'étendue du territoire français.

La liberté, l'égalité que la république de 1848 avait établies aux colonies, l'empire les confirma aux hommes de couleur comme aux blancs, à l'exception du suffrage universel qui fut enlevé aux uns comme aux autres.

L'empire ne donna, quoi qu'on ait dit, aux blancs aucun privilège ; il travaillait énergiquement à la fusion des races et à la concorde générale. Tout homme de couleur, nègre aussi bien que mulâtre, capable de faire partie des assemblées locales, y était appelé par l'autorité, qui se faisait un devoir de tenir la balance égale entre tous les citoyens sans distinction de couleur. Seulement, comme les capacités étaient plus nombreuses chez les blancs que chez les gens de couleur, il arrivait, par suite des institutions d'alors, que les représentants de la race blanche étaient en plus grand nombre dans les assemblées locales ; la prééminence était accordée à l'intelligence, à la propriété, à l'industrie au lieu d'être, comme de nos jours, assurée au nombre ; mais elle n'était pas exclusive, qu'on le sache bien, et les gens de couleur d'un certain mérite y parvenaient, quand ils voulaient bien prendre part aux affaires de la colonie.

Il est à peine besoin de faire mention des corps constitués, qui étaient et sont ouverts aux hommes de couleur comme aux blancs, sans aucune préférence des seconds sur les premiers.

Tel était l'état des choses, à la Martinique, quand éclata la catastrophe de l'empire et que le 4 septembre inaugura, en France, la République.

Sous l'influence d'odieuses excitations, l'avènement de la République, le 22 septembre 1870, fut célébré, dans le sud de la colonie, par une insurrection formidable, dont nous n'avons pas à faire le triste récit et dont le premier cri fut : Mort aux blancs, et la première victime, un blanc, M. Cléo Codé.

A cette époque le Dʳ Lota, natif de la Corse, mais ayant épousé une créole blanche à

(1). Loi sur la presse du 7 août 1850 ; décret impérial de 1863 ; décret du 16 février 1880

Fort-de-France, habitait Saint-Pierre où, depuis douze ans, il exerçait la médecine. Depuis deux ou trois mois, il avait quitté la médecine navale où il avait servi pendant 18 ans.

Dans ce temps-là, il n'était rien moins qu'impopulaire à Saint-Pierre : le gouverneur, pour assurer la tranquillité dans la ville, ayant décidé la création de plusieurs compagnies de garde civique, le Dr Lota fut, à l'élection de ses concitoyens, la plupart de couleur, nommé capitaine d'une de ces compagnies.

Le 13 novembre de la même année, le peuple de Saint-Pierre, soulevé par quelques meneurs, se révolta, on sait sous quelle influence. Un énergumène, dont la tête n'était pas saine, avait publié un pamphlet, où rappelant les plus tristes époques de l'esclavage, il excitait la population de couleur contre la classe blanche. L'autorité, qui venait à grand-peine de comprimer l'insurrection du Sud, craignant de nouveaux désordres, avait saisi la brochure incendiaire et mis l'auteur en prison. Aussitôt les nègres et les mulâtres s'insurgèrent, réclamant la mise en liberté du pamphlétaire et proférant des menaces contre ce qu'ils appelaient les anciens oppresseurs du peuple, contre la classe blanche. Que devait faire un homme ayant quelque droiture d'esprit, quelque noblesse de sentiment, et sentant couler dans ses veines le sang français que les insurgés voulaient répandre ? Se ranger du côté de l'autorité qui l'avait investi d'un titre pour réprimer le désordre et assurer la vie des personnes menacées.

C'est ce que fit le Dr Lota, capitaine d'une compagnie de la garde civique.

Ce fut un crime aux yeux des fauteurs de troubles ; M. Lota, populaire la veille du 13 novembre, était impopulaire le lendemain, pour avoir prêté son concours à l'autorité qui l'avait réclamé.

C'est sous le couvert de la République que le soulèvement avait eu lieu dans Saint-Pierre, et tous ceux qui le combattirent furent déclarés par les agitateurs ennemis de la République.

En réalité, c'étaient les ennemis des blancs qui, abusant du gouvernement nouveau, voulaient l'abaissement, d'abord, puis l'anéantissement de la race européenne. En présence de ces mouvements populaires et du sentiment qui les avait produits, il était difficile que les blancs, menacés dans leur existence, blessés dans leur dignité, acceptassent avec ardeur les institutions nouvelles, dont leurs ennemis se faisaient une arme pour assouvir des rancunes ravivées et opprimer ceux qu'ils appelaient les anciens privilégiés.

La ligne de séparation entre les diverses classes de la société qui allait s'effaçant, s'accentua davantage sous l'influence des derniers événements ; mais le calme finit par se rétablir, à la surface du moins, et les relations de la vie reprirent leur cours habituel.

Le docteur Lota continuait l'exercice de sa profession, sans avoir aucun démêlé avec la population de couleur, où il rencontrait des sentiments d'affection, détesté seulement par les chefs du parti africain, dont il avait flétri les agissements pendant l'émeute du 13 novembre.

Huit années se passèrent ainsi, l'apaisement se faisant de plus en plus dans les esprits, sans amener pourtant un rapprochement intime entre les principaux représentants des deux races, l'élément africain exerçant la prépondérance dans les affaires du pays, soutenu dans ses aspirations et ses tendances par le suffrage universel.

En l'année 1878, fit son apparition sur l'horizon politique de la localité un journal soi-disant républicain, ayant pour titre: *Les Colonies*. Le fondateur de cette feuille était M. Marius Hurard, jeune avocat mulâtre de Saint-Pierre, qui, après avoir cherché vainement une carrière comme professeur au lycée de Port-au-Prince (Haïti), était venu dans son pays natal. L'homme qui l'avait reconnu pour son fils, M. Victor Hurard, avait dans le commerce une bonne situation. Le jeune avocat n'ayant pas les qualités requises pour réussir dans le barreau, se fit journaliste. Aidé par un groupe de ses congénères, qui fournirent les fonds, et secondé par quelques jeunes gens de sa classe, il créa les *Colonies*.

Ce que fut ce journal, quelles furent ses doctrines, ses procédés, ses tendances, il faudrait avoir la collection des *Colonies* pour l'établir. Profitant de son titre de journal républicain, il poursuivit avec acharnement ceux qu'il appelait les anciens maîtres de la colonie, ne leur ménageant ni les invectives ni les injures; ne cessant de les représenter aux yeux du peuple comme les ennemis de l'ordre de choses établi, pleins de regret pour un passé disparu depuis longtemps; évoquant sans cesse, au mépris des lois, les souvenirs de l'antique esclavage, bafouant la religion et ses ministres, excitant les vieilles rancunes et mettant, à chaque instant, en parallèle, le petit nombre des anciens dirigeants avec la multitude des nouveaux affranchis, devenus les maîtres de la colonie par les droits que la République leur avait conférés. Ces excitations continuelles à la haine, tantôt ouvertes, tantôt cachées, tantôt dissimulées par des appels à l'union, à la concorde, flattaient les instincts mauvais de la population et entretenaient celle-ci dans des dispositions sourdement hostiles à la classe européenne, sans cesse accusée d'être rétrograde, réactionnaire, incorrigible.

Chargé, dans le courant de cette année 1878, de la direction du *Bien Public*, bulletin religieux, le Dr Lota soutint contre M. Hurard, sans s'aventurer sur le terrain politique, une polémique fort vive, à laquelle M. le gouverneur Grasset, usant de ses pouvoirs discrétionnaires, coupa court, mais en laissant le dernier mot au rédacteur des *Colonies*. Celui-ci se considérant comme victorieux, acquit encore plus d'audace dans ses attaques et, comme M. Lota avait cessé d'écrire, personne ne répondit plus aux invectives du journal de M. Hurard, qui continua avec la même violence et le même succès.

M. Hurard, en effet, devenu l'idole des hommes de couleur dont il caressait, en les exaltant, les sentiments hostiles à la classe blanche, était rapidement monté en dignité: nommé membre du Conseil municipal, puis du Conseil général, il devait être bientôt président de cette Assemblée, en attendant qu'il fût élu député, à la place de M. Godissard.

La lutte entre M. Lota et M. Hurard, lutte étrangère à la politique, avait à peine duré un mois et ne fut pas renouvelée. Trois ans après, au mois de juin dernier, les *Colonies*, poursuivant le cours de leurs exploits, firent l'acquisition d'un nouveau rédacteur, pris dans le personnel du Lycée Colonial. Koucy-Koula, du nom qu'il avait pris dans la chronique du journal, ou Salfoin, anagramme de son vrai nom, porta à l'excès les diatribes contre tout ce qui, personnes et choses, était cher aux blancs de la colonie; il ne recula même pas devant l'outrage lancé à des jeunes filles, qui avaient l'habitude de chanter dans une paroisse de la ville, l'église du centre. Entre autres grossières insultes, le chroniqueur des *Colonies* disait :

« Ce n'était pas toutefois le rauc des vaches, mais un peu plus que le mugissement de la génisse en peine de son taureau. »

Devant un pareil oubli des convenances, devant cet affront gratuit jeté à d'honnêtes jeunes filles, tous les hommes honorables, à quelque parti qu'ils appartiennent, n'ont qu'un sentiment : la réprobation.

L'émotion fut grande parmi la classe blanche, en présence de ces basses injures que rien n'avait provoquées, et qui furent l'origine des désordres survenus quelque temps après.

On s'attendait généralement à une rétractation faite par le rédacteur en chef des *Colonies*, pour apaiser la classe européenne justement irritée. On était loin de compte : M. Hurard, loin de blâmer son chroniqueur, crachait régulièrement au visage — à distance, bien entendu — de tous ceux qui, dans le *Bien Public*, attaquaient à la fois Koucy-Koula et le journal collecteur de ses injures. Jusque-là le docteur Lota se tenait en dehors de la discussion, laissant l'ancienne feuille où il avait combattu contre M. Hurard, mener la campagne comme elle l'entendait.

Le Conseil de fabrique de la paroisse du centre, indigné de l'outrage fait à ses chanteuses, lança une protestation énergique contre Koucy-Koula, sans dire un mot du journal complice de son infamie. Salfoin, qui avait déjà essayé des excuses aussi injurieuses que ses premiers outrages, se retourna contre les fabriciens, tous gens honorables, et les chargea d'invectives.

C'est alors que M. Lota inséra, le 22 juin, dans le *Bien Public*, sous le pseudonyme de *Fouet*, un article — le seul qu'il ait produit — ayant pour titre *Salfoin et son Cornac*, où il fustigeait également le chroniqueur et le directeur des *Colonies*, mais en circonscrivant la polémique sur son véritable terrain, sans excursion aucune dans le domaine politique.

A la même époque, des jeunes gens blancs de Saint-Pierre, de leur propre mouvement, sans que rien ne les poussât que leur indignation, avaient voulu prendre à partie Koucy-Koula ; mais ils avaient assez vite renoncé à leur projet, en reconnaissant que l'individu était incapable de soutenir une affaire d'honneur, et ils l'avaient abandonné à son ignominie.

Cet engagement, il faut ici bien faire la séparation, était distinct de la polémique entamée dans la presse, à laquelle M. Lota avait pris part par l'article cité plus haut, mais en se tenant, à cause de son passé, tout à fait en dehors de la querelle des jeunes gens.

L'article *Salfoin et son Cornac* était raide ; le rédacteur en chef des *Colonies*, qui s'était montré si prompt à cracher au visage de ceux qui dans le *Bien Public* l'avaient attaqué antérieurement, ne dit à peu près rien cette fois. Le numéro des *Colonies* du 25 juin, qui suivit l'article agressif du *Bien Public*, contenait un entrefilet à l'adresse des jeunes gens qui, après avoir poursuivi Koucy-Koula, l'avaient délaissé. Il avait pour titre :

UNE SOLUTION FACILE

« Le *Bien Public*, ayant relevé une phrase blessante dans une causerie locale publiée par nous, a protesté et appelé à la rescousse les deux autres journaux pieux de la localité. Ceux-ci ont protesté, mais comme malgré eux et en se faisant beaucoup tirer l'oreille. Cela se passait huit longs jours après qu'avait paru la phrase incriminée. Depuis ce laps de temps écoulé, nous avons appris que des individus se sentant, à la réflexion, eux aussi blessés de la susdite phrase, ont provoqué à l'hôtel celui qu'on supposait être le coupable. La provocation s'est manifestée, il est vrai, en termes indirects, car ces preux chevaliers voulaient bien afficher des airs de matamore, mais à condition de ne pas trop aventurer leur peau.

» Tout cela est, en vérité, bien grotesque et bien tardif. Quand on veut venger l'honneur des dames, on est mal venu à tant réfléchir, il était si simple de s'adresser directement au rédacteur en chef du journal.

» Nous n'avons l'habitude de reculer devant qui, quoi ce soit. Que ceux donc qui vont battre les buissons, feignant d'oublier que nos bureaux sont ouverts toute la journée, se rappellent une fois pour toutes qu'on trouve toujours ici à qui parler.

» Soit dit aussi pour le *coco* qui signe *Fouet* au *Bien Public*. »

La part faite à *Fouet*, c'est-à-dire à M. Lota, dans la provocation du journal insulteur étant fort petite, l'auteur de *Salfoin et son Cornac* n'avait rien à répondre. C'était M. Hurard, s'il se sentait blessé, qui devait rechercher M. Lota et non celui-ci qui devait courir après M. Hurard. Cependant les jeunes gens provoqués par l'entre-filet *Solution facile*, répondirent au défi que leur avait porté M. Hurard. L'un d'eux, M. Albert Codé, le frère de Cléo Codé qui avait été massacré, en 1870, dans l'insurrection du Sud, envoya des témoins au rédacteur en chef des *Colonies*. Les deux adversaires ne purent s'entendre : M. Hurard voulant un duel pour rire, qui rafraîchit sa popularité, M. Codé exigeant une rencontre sérieuse, où le sang devait couler.

Les pourparlers de ce duel excitèrent dans la ville une grande agitation ; des groupes d'hommes de couleur s'étaient formés en différents points de la ville, surtout dans le voisinage du bureau des *Colonies*, groupes hostiles, menaçants pour les hommes de race blanche, et surtout pour M. Lota qui passait pour être leur chef.

Il a été déjà dit que le Dᵣ Lota était étranger au conflit des jeunes gens, et que son article du *Bien Public* avait à peine été relevé par M. Hurard. Mais quand celui-ci, après sa bravade, se mit à reculer devant M. Codé, il se jeta, pour masquer sa retraite aux yeux de ses partisans, fort excités, sur son ancien adversaire, sur M. Lota.

Il le représenta comme étant dans la coulisse, faisant agir les coupe-jarrets lancés contre le défenseur du peuple, et bravement le défia et grossièrement l'injuria. M. Lota n'avait pas à tirer M. Hurard des mains de M. Codé : il dédaigna la provocation ridicule, tout en conservant un certain ressentiment des injures qui lui étaient adressées, et en concevant des craintes sérieuses sur les suites qu'elles pouvaient avoir, de la part des sectaires de son ennemi.

M. Lota, on le sait, avait été décrété d'impopularité par les meneurs du peuple, pour sa conduite dans la journée du 13 novembre 1870, puis à cause de sa courte polémique, vieille de trois ans, avec les *Colonies*. Le dernier article de M. Hurard, en montrant celui qu'il appelait le *chef de la bande* comme poussant M. Codé, avait ravivé l'impopularité fort atténuée de M. Lota, et excité au plus haut point contre lui les passions populaires. En même temps qu'il livrait son adversaire à la vengeance de ses séides, M. Hurard se mettait sur les colonnes de son journal comme sur un pavois, pour les prochaines élections de député.

La fête nationale du 14 juillet approchait et la foule, à la dévotion de M. Hurard, s'était promise de faire payer cher aux blancs, et surtout au *chef de la bande*, les inquiétudes causées par M. Codé au député, déjà désigné, de la Martinique. Les bruits et les menaces qui couraient dans la ville à ce sujet avaient une telle consistance que le maire, M. François Bernard, un homme noir cependant, dut en faire mention dans sa proclamation au peuple, touchant la fête de la République.

« Le Maire rappelle à ses administrés qu'il est formellement interdit de se servir, dans les rues ou places, d'armes à feu ou autres, et il avertit que toutes provocations, rixes ou injures seront sévèrement réprimées. Du reste, il compte sur la sagesse de la population pour célébrer dignement la fête de la République. Ces jours qui rappellent un si grand souvenir ne doivent être consacrés qu'à la joie et au plaisir, et Saint-Pierre n'aura, il l'espère, aucun citoyen qui voudra troubler la concorde qui doit régner entre tous les habitants de notre belle cité. »

Il est presque inutile d'ajouter que le journal de M. Hurard tomba à coups redoublés sur le maire qui, se faisant l'interprète du sentiment général, avait osé mettre en doute la placidité du peuple de Saint-Pierre et l'accuser de mauvaises intentions. Avec une sincérité fort contestable, il engagea la population à tromper les prévisions de ses ennemis :

« Que les inventeurs de bruits sinistres, que ceux qui, pour donner satisfaction aux ennemis de la République, essayent de justifier leurs craintes en présentant le peuple comme disposé à la provocation, que tous ceux-là en soient pour leurs frais. »

En même temps l'imprimerie des *Colonies*, comme un prélude à la période électorale, inondait la ville de chansons, de « *bélairs* » comme on dit dans le pays, qui devaient être chantées pendant les fêtes, par des bandes dont M. Hurard incitait les chefs — propres expressions de M. Hurard. (Voir le compte rendu du procès Hurard-Lota) — bandes, disons-nous, organisées en l'honneur du futur député et fort disposées à provoquer ses ennemis.

Les principaux couplets étaient :

> Allez, Hurard, à l'Assemblée,
> Défendre la Liberté.

Ou bien :

La montagne est verte, Schœlcheristes, la montagne est verte

. . . .

Pour Marius Hurard, jamais nos cœurs n'ont point changé,
Pour Clavius Marius, (1) jamais nos cœurs n'ont pas changé.

(1) Collaborateur et lieutenant de M. Hurard ; a été arrêté, dans les premiers jours de novembre, par décision de la Chambre des mises en accusation de la Martinique, pour participation au sac de la maison Lota, le 18 juillet.

La veille de la grande fête, le 13, les bandes s'organisent et les chansons commencent, et aussi les injures, les provocations, au *chef de la bande* des blancs, au Dr Lota.

La foule, par sections plus ou moins nombreuses et vociférantes, s'arrêtaient sous les fenêtres et devant la porte de M. Hurard, lui donnait une aubade en chantant ses louanges et sa prochaine élection à la Chambre des députés, recevait une dose de tafia, puis courait sous les fenêtres de son adversaire, en criant : à bas Lota ! à bas Coco-Girouette — sobriquet que M. Hurard avait inventé contre le Dr Lota — et les plus exaltés ajoutaient : à bas les blancs ; et même Coupé-Cou Békés.

Ces cris, ces chants, ces menaces se répétèrent, cinq nuits durant, par toute la ville, avec des redoublements formidables devant la maison du Dr Lota, dont la famille et les amis n'étaient pas sans inquiétude sur le sort réservé à l'adversaire de M. Hurard et aux principaux représentants de la race européenne. Sur la demande de M. le procureur de la République, qui pouvait, de sa maison, entendre ces tumultes nocturnes et les menaces proférées contre M. Lota, la police dut déployer tout ce qu'elle avait d'agents pour empêcher les bandes qui grossissaient chaque nuit, de passer des injures aux voies de fait, prêtes à envahir la demeure de l'ennemi prétendu de M. Hurard.

Après cinq nuits d'un pareil supplice, imposé au Dr Lota et à sa famille, par des bandes créées pour manifester en faveur de M. Hurard, qui trouvaient largement à boire, et chez le futur député, et à l'autre bout de la rue, chez son collaborateur, M. Clavius Marius, nul ne sera étonné si le Dr Lota, rencontrant le lendemain dans la rue, au cours de ses visites, son perpétuel insulteur, l'éditeur responsable de ces longues séries d'outrages et de vexations, le souffleta publiquement.

Il fallait que le docteur Lota, poussé à bout, en finît, une fois pour toutes, avec une situation devenue intolérable.

Du reste, il allait au devant du désir manifesté par son adversaire, quand se dérobant à M. Codé qu'il avait provoqué, M. Hurard se jeta sur M. Lota, qui n'en pouvait mais, et l'apostropha en ces termes dans les *Colonies* du 29 juin :

« Il est plus que temps que le chef de la bande, celui qui reste dans les coulisses et pousse les non-valeurs du groupe que l'on sait, se décide à se présenter lui-même. La vieille affaire que nous avons à régler pourrait se terminer à la satisfaction de tous.

» Nous avons suffisamment craché à la face de l'écrivain anonyme du *Bien Public* pour qu'il se montre enfin. »

Le docteur Lota avait répondu aux crachats de M. Hurard et aux outrages de ses bandes par un soufflet.

Il était prêt pour un duel, son adversaire lui lança une émeute ; puis, il courut au parquet déposer une plainte contre celui qui l'avait frappé.

Comme il a été dit par les amis du rédacteur en chef des *Colonies* que le parquet avait poursuivi d'office le docteur Lota, voici la copie de la plainte formulée par M. Hurard devant M. Recoing, procureur de la République à Saint-Pierre :

L'an mil huit cent quatre-vingt-un, et le dix-huit juillet se présente à notre parquet M. Marius Hurard, avocat, directeur du journal *Les Colonies*, lequel nous porte la plainte suivante :

— 11 —

« Je passai dans la rue venant de chez moi, j'étais sur le trottoir devant l'étude de maître Martineau, lorsque je vis une voiture qui montait la rue de mon côté; je n'y fis aucune attention; du reste, mon parapluie m'empêchait de distinguer la personne que je ne regardais, d'ailleurs, point. La personne qui en descendit vint à moi, je me rangeai pour lui donner passage, lorsque je reçus un *violent coup de poing*; je fus tellement stupéfait de cette attaque en reconnaissant que mon agresseur était le docteur Lota, que je ne saurais bien vous préciser où j'ai reçu le coup. Je ripostai, nous entrâmes ainsi dans un corridor. Aussitôt débarrassé, je viens vous prévenir, car la foule s'ameute et aurait pu, si je l'avais voulu, lui faire un mauvais parti. M. de Colleville a vu cela.

Signé :

RECOING, HURARD. »

M. Hurard a été frappé à la figure, la main largement ouverte. Avant de se rendre au parquet, il courut au bureau des *Colonies*, d'où il sortit, comme cela sera établi plus loin, avec ses ouvriers armés de barres et de bâtons; c'est dans cet attirail qu'il s'arrêta, d'abord, devant la maison de son adversaire dont il désigna la voiture et le cheval, stationnant devant la porte, à la foule qui les assaillit; puis il poursuivit sa route vers le parquet; passant, pour s'y rendre, devant sa maison où une personne de sa famille était à la fenêtre, il lui cria : Il m'a frappé, mais aujourd'hui je finis avec lui.

Voilà comment M. Hurard a contenu la foule.

Il appelait, pour régler, comme il disait, sa vieille affaire avec le Dr Lota, deux témoins : d'un côté le peuple, de l'autre le procureur de la République.

L'un assaillit le docteur dans sa demeure où il était avec sa femme et l'une de ses filles, saccagea, pilla sa maison, ainsi que la maison voisine, où il s'était un instant réfugié, et détruisit tout chez lui après l'avoir assommé; l'autre l'arracha sanglant aux mains de la foule et le fit mettre en prison; quand il en fut sorti, après dix-sept jours d'incarcération, il dut comparaître devant un tribunal composé de trois juges de couleur pour répondre à l'accusation portée contre lui par M. Hurard. Sans pitié pour les tortures que M. Lota avait endurées de la part du peuple, pour la blessure qu'il avait reçue, pour la dévastation qu'il avait subie, ce tribunal le condamna à un mois de prison; cette détention, il fut contraint de l'accomplir, de par la décision de M. Saint-Luce, directeur de l'Intérieur, mulâtre et ami de M. Hurard, dans des conditions exceptionnelles de torture quotidienne, au milieu des bandits qui avaient fait le sac de sa maison et qui, toute la journée, pendant trente jours, le chargeaient de leurs invectives et de leurs outrages.

Voilà ce qu'a fait M. Hurard, l'homme qui avait provoqué, défié le Dr Lota, bien assuré que la foule de ses séides s'interposerait entre lui, futur député, et son agresseur; voilà comme, au lieu de réparer en galant homme, en homme d'honneur, l'outrage qu'il avait subi et mérité, il a livré son adversaire à la vengeance du peuple que lui et ses agents avaient soulevé; puis, appelant sur la tête de son ennemi les rigueurs de la justice, il lui imposait quarante-sept jours d'un emprisonnement épouvantable.

Et c'est cet homme que les habitants de la Martinique, mulâtres et nègres, continuellement excités contre les blancs, ont choisi pour leur représentant à la Chambre des députés.

Mais un homme déshonoré ne doit pas, ne peut pas faire partie de la représentation nationale de la France :

L'honneur est comme une île escarpée et sans bords :
On n'y peut plus rentrer quand on en est dehors,

à moins que des législateurs français n'en décident autrement.

M. Hurard a imprimé dans son journal, et ses amis ont répété dans les journaux de la métropole, que M. Lota, rentré chez lui après avoir frappé son insulteur, avait, de sa fenêtre, tiré deux coups de feu sur la foule déjà excitée, et que c'est à la suite de cette provocation qu'il avait été assailli par le peuple.

Les feuilles de la Martinique ont déjà fait justice de cette accusation qui, reproduite, le mois dernier, dans le *National* par M. le docteur Limbo, a été réfutée par M. Lota lui-même, dans le même journal, numéro du 31 octobre.

« Le narrateur (M. Limbo), renseigné aux mauvaises sources, produit une assertion évidemment inexacte. Personne ne croira, en effet, que rentré chez moi après la rixe, j'aie sans autre motif, tiré *deux* coups de feu sur la foule inoffensive. La vérité, attestée non seulement par des journaux véridiques, mais encore par l'instruction judiciaire éclairée par une longue et minutieuse enquête, la voici : Après avoir châtié, comme il le méritait, l'homme qui avait insulté nos jeunes filles dans son journal, et qui avait excité contre moi pendant plusieurs nuits, par ses invectives et ses provocations, les insultes de la populace, je rentrai dans ma maison, attendant les témoins de mon adversaire.

» Ce fut la foule qui arriva, poussant des vociférations et des menaces, pendant que M. Hurard, suivi de ses ouvriers, armés de barres et de bâtons — comme l'atteste le compte rendu ci-joint des débats de l'audience correctionnelle — s'arrêtait devant ma demeure que, par ses paroles et par ses gestes, il désignait à ses séides, puis continuait son chemin vers le parquet, où il déposait une plainte contre moi.

» Cependant la multitude passait des cris aux actes : déjà, elle avait attaqué ma voiture et mon cheval, qui stationnaient devant ma maison et que mon domestique ne put faire rentrer qu'avec beaucoup de peine ; puis, elle tentait de s'introduire chez moi ; je dus faire barricader ma porte et mes fenêtres du rez-de-chaussée. Les agresseurs, devenant plus menaçants, lançaient des pierres sur les fenêtres du premier étage ; un de ces projectiles frappa à la tempe mon jeune et brave ami, P. de Lathifordière, qui était venu en toute hâte, me sachant en péril, à mon secours.

» En voyant son sang couler par une large blessure, je m'approchai d'une fenêtre et tirai un coup de fusil avec une arme à treize coups. Je tirai, non sur la foule, mais au-dessus d'elle, afin de la maintenir à l'écart, en attendant que l'autorité pût nous secourir. Je tirai un seul coup et non deux coups de feu, comme l'a soutenu avec persistance le journal de mon adversaire, dont le docteur Limbo répète les allégations erronées. Cependant M. Limbo devrait savoir que, de ce fait, j'ai été préventivement retenu en prison pendant dix-sept jours, jusqu'à ce que l'instruction judiciaire eût établi, par des investigations sévères et par l'expertise du maître armurier, appelé à cet effet de Fort-de-France pour examiner l'arme, qu'une seule cartouche avait été brûlée, et cela, dans le cas de la plus légitime défense, et dans une direction telle qu'aucun des assaillants ne pouvait être atteint.

» Peut-on croire que, avec l'excitation des esprits telle qu'elle existait à Saint-Pierre, avec l'influence énorme que M. Hurard et son parti exercent sur les hauts fonctionnaires de la colonie, et les craintes qu'ils inspirent, peut-on croire, dis-je, qu'une ordonnance de non-lieu eût été rendue par le juge d'instruction, si les recherches de la justice ne m'eussent été absolument favorables ?

» Il m'eût été facile, quelque maladroit qu'on me suppose, de faire, aidé de mon ami, de nombreuses victimes, en tirant sur la masse des agresseurs ; mais la présence dans la maison assiégée, de ma femme et de l'une de mes filles que je redoutais de livrer à la vengeance populaire, me força à la prudence et je fis feu dans la seule intention de maintenir les assaillants à l'écart, en leur montrant que nous étions armés. M. le docteur Limbo aurait dû parler aussi des nombreuses balles, toutes tirées par moi, produites à l'instruction par les amis de M Hurard, et toutes, à l'exception d'une seule, reconnues par le maître d'armes compétent, pour avoir été aplaties par le marteau.

» Ainsi tombe l'accusation, renouvelée du journal *Les Colonies*, par M. Limbo. »

Une autre preuve que les défenseurs de M. Hurard n'avaient pas besoin d'une provocation directe pour venger leur futur député, c'est qu'ils recommencèrent le lendemain : ils se ruèrent sur M. Codé, le jeune homme qui, provoqué par le rédacteur en chef des *Colonies*, avait envoyé un cartel à celui-ci. Le prétexte fut que M. Codé, qui n'avait rien dit, avait tenu des propos menaçants contre M. Hurard. Cerné dans un hôtel par la foule rugissante, M. Codé dut se réfugier à la mairie, dans le cabinet du commissaire de police, où l'émeute le poursuivit en demandant sa mort. Heureusement pour l'ancien adversaire de M. Hurard que les troupes d'infanterie de marine, absentes la veille, avaient été appelées à Saint-Pierre. Le maire de Saint-Pierre, qui avait si bien fait son devoir dans la journée du 18, et qui le continuait énergiquement le lendemain, fit les trois sommations, et les assaillants se dispersèrent devant les baïonnettes.

Si M. Morau, gouverneur, avait montré de la prudence en faisant venir, comme bien des gens le lui avaient conseillé, une compagnie d'infanterie de marine à Saint-Pierre, l'émeute du 18 juillet et ses terribles conséquences eussent été prévenues.

Le maire de Saint-Pierre, un homme noir, et le procureur de la République avaient tenté tout ce qui était en leur pouvoir pour dissiper le rassemblement, arracher le docteur Lota sain et sauf à ses ennemis et empêcher le sac de sa maison ; ils n'y avaient pu réussir, n'ayant pas de force publique suffisante.

Le maire, M. François Bernard, révoqué quelques jours après par M. Morau, après s'être honorablement conduit devant la foule insurgée et dévastatrice, après avoir même reçu une blessure à la tête, en protégeant M. Lota, envoya une dépêche à Fort-de-France pour prévenir M. le gouverneur Morau des événements déplorables qui s'accomplissaient à Saint-Pierre.

Ici la conduite de M. le gouverneur est inexplicable.

Au lieu de répondre au maire de la ville, il envoie un télégramme ainsi conçu :

Gouverneur à Hurard, président du Conseil Général à Saint-Pierre.

Compte sur vous pour maintenir l'ordre à St-Pierre. Je pars dans deux heures et me rends avec procureur général.

MORAU

Laissant de côté le maire qui s'était dignement conduit, M. le gouverneur délègue son autorité, pour contenir l'émeute, à celui qui avait fait l'émeute ou qui, tout au moins, en avait été la cause provocatrice.

Aussi M. Hurard, investi de la confiance de M. Morau, s'empresse-t-il d'afficher sur les murs le télégramme du gouverneur, en y ajoutant :

— 14 —

J'invite la population au calme et à la modération; *nous avons la loi pour nous,* nous sommes forts.

HURARD

Dire qu'on a la loi pour soi, quand l'émeute assomme un citoyen et pille sa maison, c'est réellement très fort.

Aussi les émeutiers, encouragés par l'autorité dans leurs dévastations, voyant M. Moreau, à Saint-Pierre, s'entourer de M. Hurard et de ses partisans, continuèrent bravement le sac de la maison Lota et celui de la maison voisine jusqu'à la nuit.

On a vu que le lendemain, mise en goût par les événements de la veille et la complaisance du gouverneur, la foule, surexcitée, voulait massacrer un autre adversaire de M. Hurard, qui fut sauvé par l'intervention de la troupe.

Quelle fut, en dehors de sa rixe avec M. Lota, la part directe de M. Hurard dans l'émeute du 18 juillet? Cette part fut très grande.

Il est d'abord évident que si M. Hurard, se conformant aux lois de l'honneur pour demander raison à son adversaire, s'était opposé, comme c'était son devoir, aux premiers rassemblements devant la maison Lota, l'émeute eût été prévenue. Les groupes encore peu nombreux eussent écouté la voix de leur chef et se fussent dissipés.

Non seulement M. Hurard ne s'opposa pas à la formation de ces rassemblements, mais ce furent ses agents, partis de l'officine des *Colonies,* qui les provoquèrent, et ce fut lui-même, M. Hurard, qui, à la tête de ses ouvriers, *armés de barres et de bâtons,* donna le signal de l'attaque.

Et pour qu'on ne nous taxe pas de mensonge ni d'exagération, nous rapportons un extrait du compte rendu de la séance du tribunal correctionnel, qui condamna le D' Lota, sur l'accusation de M. Hurard, à un mois de prison, et, pour donner plus de force à nos allégations, c'est au journal de l'accusateur, aux *Colonies,* que cet extrait est emprunté.

(M⁰ Thébault était l'avocat de M. Lota; le président, M. Thaly, homme de couleur.)

M⁰ Thébault. — M. Hurard n'était-il pas suivi en allant au parquet?

M. Pornain. — Oui, de plusieurs de ses ouvriers.

M⁰ Thébault. — Que portaient-ils?

M. Pornain. — J'en ai vu deux ou trois qui portaient *des barres et les bâtons.*

. . . .

Léonce Sadreux. — ..... M. Hurard est entré au bureau du journal, puis il en est sorti quelques instants après avec M. Saint-Just seul. Un moment après les employés sont sortis aussi et se sont dirigés du côté de la Batterie Esnotz, *armés de bâtons et de barres de fenêtres.*

. . . .

Laurence Léon. — Je me trouvais à la fenêtre de Mme Pichery quand j'ai entendu M. Hurard dire à la foule : « Écrasez la voiture et tuez le cheval ; puis je suis rentrée dans l'intérieur de la maison.

M. le Président — Je vous ferai remarquer que le cocher de M. Lota fait une déclaration contraire à la vôtre.

Or cette déclaration du dit cocher ne contredit pas autant que M. le Président veut bien le dire, et même ne contredit pas du tout la déposition de Laurence Léon.

Voici, toujours d'après les *Colonies*, comment a déposé Charles Juliette, le cocher de M. Lota.

.... J'ai entendu Ferrale — Ferrale est un employé des *Colonies*, actuellement en prison, par conséquent un homme de M. Hurard. — J'ai entendu Ferrale dire en se tournant vers les fenêtres de la maison : « C'est moi qui vais flanquer Lota par terre. » M. Hurard *parlait*, mais je n'ai pas entendu ce qu'il disait. J'ai entendu quelqu'un dire : Écrasez la voiture, mais j'ignore qui. J'ai reconnu dans la foule Théophraste.

Où est la contradiction entre ce qui précède et l'allégation de l'autre témoin ?

Le cocher dit que *M. Hurard parlait*, qu'il a entendu *quelqu'un dire* : Écrasez la voiture. Laurence Léon affirme que c'est M. Hurard qui a tenu le propos : sa déposition ne contredit pas la déposition du cocher, elle la complète.

Continuons l'audition des témoins :

Antoinette Jérôme. — Je me trouvais à la porte de Mme Brémont (c'est-à-dire en face de la maison Lota, de l'autre côté de la rue Pesset,) quand j'ai vu M. Lota sur sa porte, M. Hurard a passé avec plusieurs personnes et a fait *un geste dans le sens de la voiture* ; j'ai compris que c'était un signal pour briser cette voiture.

D. — Quelles paroles a prononcées M. Hurard ?

R. — Je n'ai pas entendu les paroles.

Ici intervient M. Hurard, qui conteste la véracité de Laurence Léon, placée trop loin, d'après lui, pour avoir entendu ses paroles, pendant qu'un témoin, placé beaucoup plus près, n'a rien entendu. Une personne peut bien entendre d'une fenêtre, c'est-à-dire d'en haut, des paroles que, d'en bas, au milieu du bruit, une personne située plus près n'a pas entendues.

Du reste, l'incident est de mince importance.

Marie John. — D. — Quand M. Hurard est sorti du bureau des *Colonies* était-il suivi de ses ouvriers, armés de bâtons ?

R. — Oui.

Julia Laguerre. — Même question, même réponse.

D. — Avez-vous entendu M. Hurard dire à la foule de briser la voiture et de tuer le cheval ?

R. — Non ; j'ai vu seulement M. Hurard faire un signe avec son parapluie.

D. — Je vous ferai remarquer que M. Hurard n'avait pas de parapluie, puisque le sien venait d'être brisé et qu'il n'était pas rentré chez lui.

Cette observation de M. le Président n'a pas grande valeur ; M. Hurard a bien pu se procurer un parapluie au bureau du journal.

R. — J'ai vu un *Chabin* — c'est-à-dire un homme d'un teint plus clair que les autres ouvriers — qui est tombé sur la voiture, et ensuite la foule a envoyé des pierres.

. . . .

Céphise. — ... Le 18, après la rixe, j'ai vu entrer Mme Paulmy au bureau des *Colonies* ; elle était furieuse et disait : Il faut en finir avec ce Lota. J'ai aussi entendu M. Hurard dire à ses ouvriers : Venez avec moi *me prêter main forte*.

Astérie Perronnette. — . . . . . .

D. — Avez-vous remarqué que les ouvriers de M. Hurard fussent armés de bâtons ou de barres de fenêtre ?

R. — Les premières personnes sorties avec M. Hurard n'avaient rien à la main ; mais de celles qui sont sorties après, deux ou trois avaient des morceaux de bois.

Pour tout esprit impartial qui lira ces dépositions, il résulte d'une manière évidente :

1° Que M. Hurard a demandé main forte à son atelier et qu'il est sorti de son imprimerie, accompagné de ses ouvriers armés de barres ou de bâtons ;

2° Qu'il s'est arrêté, en se rendant au parquet avec son cortége, devant la batterie d'Esnotz, en face de la maison de M. Lota ;

3° Que là, il a parlé et fait des gestes ; quelles que soient les paroles qu'il ait prononcées, tous les témoins sont unanimes pour déclarer que plusieurs individus, entre autres Ferrale, employé des *Colonies*, se sont jetés sur la voiture et le cheval de M. Lota, donnant ainsi le signal de l'attaque.

L'instigateur et le promoteur de l'émeute, c'est M. Hurard.

Pourquoi est-il libre, quand ses complices sont en prison et vont comparaître devant la Cour d'assises ?

C'est que M. Hurard est un homme redoutable, puissamment protégé en France par de hauts personnages, soutenu à la Martinique par la population de couleur, qui, tout entière, a pris fait et cause pour lui.

M. Lota — honneur au-dessus de ses mérites — passait pour le chef de la race européenne ; M. Hurard était à la tête de la race africaine ; celle-ci résolut, puisqu'elle avait pour elle le *nombre* et la *force*, suivant les expressions de M. Allègre, de continuer à venger son chef.

Par la force, les gens de couleur avaient accablé le Dr Lota ; par le nombre, ils voulurent effacer la flétrissure de leur idole, en la couvrant de leurs votes.

Ils firent, d'une rixe particulière à deux individus de caste différente, une querelle générale, une coalition de l'élément africain déployant l'étendard du progrès, contre l'élément européen logé à l'enseigne de la réaction.

L'organe de M. Hurard sonna la trompette républicaine, qui retentit dans toute la colonie ; les maires, les secrétaires de mairie accoururent, aussi bien dans le Nord que dans le Sud (1), se ranger sous la bannière du triomphateur dont le mot d'ordre était : Progrès contre réaction, et le sentiment véritable : Race africaine contre race européenne.

La pression exercée par ces manœuvres sur les électeurs fut telle dans toute la colonie, que le comité électoral qui patronnait la candidature de M. P. Alype, — aujourd'hui député de l'Inde — dans l'arrondissement de Saint-Pierre, se crut obligé de la retirer, en insérant dans les journaux une énergique protestation (2).

M. Godissard, député sortant, dut aussi retirer sa candidature, qu'il avait posée dans l'arrondissement de Fort-de-France. Il n'y avait de place que pour M. Hurard, le rédacteur en chef des *Colonies*, le perpétuel contempteur de la race européenne, et, à ce titre, le grand défenseur du peuple, le champion de la démocratie coloniale ; Hurard dans le Nord, Hurard dans le Sud, Hurard tout seul dans les deux circonscriptions.

L'excitation entretenue dans les esprits par les agitateurs du peuple au service de M. Hurard, était telle encore après les élections que, au sortir de sa prison, le 7 octobre

(1) Voir les *Colonies* des 17 et 24 septembre 1881.
(2) *Journal d'Outre-Mer* du 18 octobre 1881.

dernier, le Dr Lota ne put séjourner à Saint-Pierre : sur l'invitation pressante de M. le procureur de la République et les instances de ses amis, il dut, dans son intérêt, aussi bien que dans celui de la tranquillité publique, se rendre directement, la nuit, de la geôle de Saint-Pierre à Fort-de-France.

C'est en proscrit (1) qu'il fut contraint de quitter Saint-Pierre, où ses affaires et ses affections devaient le retenir, où, pendant plus de vingt ans, il avait honorablement pratiqué la médecine, non sans faire quelque bien, dans sa profession humanitaire, à tous ceux qui, après avoir demandé sa mort, le frappaient d'ostracisme.

Ainsi, un sujet français, métropolitain bien que marié à la Martinique, pour avoir châtié un homme qui l'avait violemment outragé, a encouru toute la fureur du peuple, surexcité par M. Hurard. Il a été assommé, saccagé, pillé, condamné, emprisonné ; sa famille a couru des dangers de mort. Ces longues tortures n'ont pas suffi pour désarmer ses ennemis : l'autorité, qui est établie pour sauvegarder la liberté comme la vie des citoyens, l'autorité a été impuissante, devant l'effervescence populaire, à assurer le séjour du docteur Lota dans le lieu de son domicile, où sont ses intérêts, où il exerçait sa profession, où il vivait, avec sa famille, au milieu de nombreux amis ; il a dû s'éloigner de Saint-Pierre au plus vite, laissant malades dans une maison de santé la mère et la sœur de sa femme, sans qu'il lui fût permis de leur faire ses adieux.

Il y a plus : l'arrivée à Saint-Pierre du nouveau gouverneur, M. Allègre, au lieu d'y rétablir la tranquillité, n'a fait qu'exciter davantage les passions de la multitude. Loin de tenir, comme c'était son devoir et son mandat, une juste balance entre les deux partis, il s'est mis dans le plateau qui penchait en faveur de M. Hurard et a tout à fait rompu l'équilibre. On peut lire dans le *Moniteur*, journal officiel de la Martinique, du 27 septembre, le discours adressé par M. Allègre à une députation d'ouvriers, conduits par M. Marius Répo, qui étaient venus complimenter le nouveau gouverneur, l'assurer de leur dévouement et témoigner de leurs regrets pour les événements passés ; ils disaient :

« ... Si le peuple, dans un moment d'égarement et de fureur, un peu trop excité par les
« circonstances locales, s'est oublié, vous voudrez bien reconnaître que bientôt il est rentré dans
« le devoir, et vous lui pardonnerez ces malheureux moments. »

Au lieu de saisir l'occasion qui lui était offerte de faire sentir la vérité aux deux partis, en se montrant indulgent pour le repentir, mais sévère pour le crime, de manière à contenir les oppresseurs et à rassurer les opprimés, M. Allègre, oubliant sans doute qu'il devait égale protection à ses administrés et ne mesurant pas la portée de ses paroles, répond à l'orateur du peuple, M. Répo :

... Aussi, je m'empresse de vous dire qu'il m'a suffi de demeurer quelques semaines, quelques jours seulement, je dirai volontiers quelques heures dans cette île française, pour comprendre immédiatement combien on aurait tort de vous *calomnier*, en vous attribuant de mauvais sentiments que, certes, vous n'avez pas.

Je ne m'arrêterai pas ici à rechercher les fautes qui ont été commises par des partis politiques ; je préfère rester tout entier à notre entrevue cordiale.

Oubliez donc les gens qui regrettent le passé ; ils ne peuvent rien contre vous. Ne vous

(1) *Antilles* du 12 octobre.

laissez pas émouvoir et méprisez toutes les criailleries. Vous avez pour vous le nombre et la force ».

On se demande avec stupéfaction et douleur, si c'est bien un gouverneur, le représentant de l'autorité métropolitaine, qui tient un pareil langage.

Déjà M. Hurard, dans la journée terrible, investi par le prédécesseur intérimaire de M. Allègre, M. Morau, de toute la confiance et de tout le pouvoir du Gouvernement, avait dit au peuple soulevé : Nous avons la loi pour nous, nous sommes forts. M. Allègre en disant aux mêmes individus : Vous avez le nombre et la force, laissez crier vos ennemis, complète M. Morau et se met à la suite de M. Hurard.

On vit, en effet, bientôt M. le gouverneur se montrer, par les rues de la ville, dans la voiture de M. Hurard, ayant à ses côtés le favori du peuple, témoignant ainsi par ses actes, comme il l'avait fait par ses paroles, qu'il était en communion de principes et de sentiments avec la population de race africaine, sans avoir le moindre égard pour la population de race européenne.

Qu'auraient dit M. Hurard et ses nombreux adhérents, si, intervertissant les rôles, M. Allègre s'était montré au peuple, en compagnie et dans la voiture de M. Lota ?

Et d'ailleurs, M. Allègre, la première autorité de la colonie, ne pouvait ignorer que la loi lui interdisait d'afficher ses préférences pour un candidat à la députation ; il savait que M. Hurard, déjà élu, il est vrai, député dans le Nord, se présentait en ballottage dans le Sud, et que c'était pour cette circonscription que, d'après sa déclaration formelle, il opterait.

Le chef de la colonie, en se promenant dans les rues de la ville en compagnie de M. Hurard, le désignait aux suffrages de la première circonscription.

Aussi le peuple de Saint-Pierre qui, on l'a vu par le discours de M. Répo, commençait à s'apaiser, craignant les sévérités du nouveau gouverneur, lorsqu'il vit M. Allègre flatter ses passions au lieu de condamner ses emportements, reprit avec ivresse ses manifestations de la rue contre la classe européenne : des bandes nombreuses parcouraient la ville, l'insulte et la menace à la bouche, stationnant de préférence devant la maison où avaient été recueillies Mme Lota et ses filles, après leur désastre, et renouvelaient, contre ces victimes de la fureur populaire, leurs outrages en toute liberté : le docteur Lota était en prison.

Avant l'arrivée de M. Allègre à Saint-Pierre, dans l'intervalle de ses deux incarcérations, il pouvait circuler dans les rues de la ville, où il avait repris tant bien que mal l'exercice de sa profession ; mais, après la visite, le discours et les promenades de M. le gouverneur avec M. Hurard, le séjour de Saint-Pierre lui a été interdit ; il dut passer de sa prison à Fort-de-France, la nuit, sous l'escorte du commissaire de police et de ses agents.

Et cette excitation populaire, si l'on objecte qu'elle était exclusivement dirigée contre l'ennemi de M. Hurard, ne s'est nullement apaisée après le départ du docteur Lota : des télégrammes et les journaux de la Martinique reçus par les derniers paquebots attestent que l'ordre est bien loin d'être rétabli, que la sécurité des habitants de race européenne est, à chaque instant, compromise dans Saint-Pierre par les vengeurs de

M. Hurard, qui, joignant la farce à leurs sévices, ont procédé, sous les yeux de l'autorité qui laissait faire, à l'enterrement de la classe blanche.

Oui, le chef d'un groupe ouvrier, appelé le *Sénat*, M. Répo, revenu maintenant du repentir qu'il avait témoigné d'abord à M. Allègre, et reconnaissant par les affirmations de M. le Gouverneur, qu'il a pour lui *le nombre et la force*, déclare ouvertement que la race européenne, qu'il appelle l'aristocratie coloniale, a cessé d'exister à la Martinique et il convie ses frères et amis aux funérailles de la défunte.

Voici la lettre de faire-part qu'il a adressée à ses congénères par la voie du journal de M. Hurard, les *Colonies* :

MESSIEURS ET CHERS CONCITOYENS,

Vous êtes invités à assister demain, jeudi 13 du courant (octobre) à 7 heures du soir, à l'heure du couvre-feu, aux obsèques et à l'enterrement de la haute et ancienne aristocratie coloniale, décédée samedi dernier à 11 heures du matin, à l'âge de 300 ans, après trente ans d'agonie.

On peut suivre le convoi sans donner aucun signe de respect ni douleur (*sic*).

Ils se sont réunis, au nombre de trois ou quatre cents, et Marius Répo en tête, remplissant l'office de pontife, ils se sont dirigés vers le cimetière du Fort, glapissant des prières burlesques, composées pour la circonstance ; après une harangue de leur conducteur, ils ont, sur le seuil de l'asile inviolable des morts, accompli leur triste cérémonie : les représentants de la vieille classe blanche étaient enterrés en effigie.

C'est grotesque assurément, mais significatif : c'est le congé signifié par la race importée d'Afrique, émancipée depuis trente ans, à la race venue d'Europe, établie depuis trois cents ans dans la colonie qu'elle avait conquise, au nom de la France.

Et l'autorité, prévenue, elle aussi, par l'invitation publique de M. Répo, a laissé s'accomplir, sans la troubler aucunement, cette manifestation de la jeune Afrique libérale contre la vieille Europe réactionnaire.

Il ne faut plus s'étonner, après cela, si les magistrats européens qui tentent à Saint-Pierre d'accomplir leur devoir, en voulant arrêter des criminels impliqués dans le sac des maisons Lota et Cottrell, sont rappelés au chef-lieu et remplacés par des magistrats de race africaine, supposés plus indulgents pour les *fautes* de leurs congénères ; et, si l'intervention de la Chambre des mises en accusation devient nécessaire pour mettre en prison, convaincu d'avoir pris une part active au sac de la maison Lota, M. Clavius Marius, l'ami, le collaborateur, l'*alter ego* de M. Hurard, député dans les deux circonscriptions de la Martinique.

Quoi que pensent et écrivent des hommes honorables, de bonne foi sans doute, mais faussement renseignés, il est difficile d'admettre, après les scènes de désordre qui viennent d'être rapportées, après les violences faites et la proscription imposée à M. Lota, pour sa querelle particulière avec M. Hurard, d'admettre, disons-nous, que la sécurité la plus complète soit assurée, la protection la plus efficace soit accordée aux sujets de race européenne à la Martinique, rendus responsables des désordres dont ils ont eu tant à souffrir et qui les mettent dans l'alternative de se soumettre à l'abaissement ou de subir la proscription.

C'est l'hostilité séculaire entre les deux races de sang différent, qui a produit les troubles de Saint-Pierre, hostilité qui allait s'éteignant, quand M. Hurard et ses collaborateurs sont venus la raviver et l'envenimer par leur journal. C'est ce sentiment mauvais et condamnable qui a dominé dans les élections, d'où est sortie la nomination de M. Hurard à la Chambre des députés ; créé, par la connivence des maires de presque toutes les communes, la pression électorale qui a exclu de l'arène les autres compétiteurs, et imposé M. Hurard comme seul candidat possible dans les deux circonscriptions. L'assemblée des représentants de la France statuera sur la valeur de cette double élection, accomplie dans les circonstances que l'on sait, et nous avons pleine confiance, sur ce point, dans son honneur, dans sa dignité, dans sa justice.

Il est des intérêts plus chers et plus hauts que nous devons viser, intérêts d'humanité et de prospérité nationale, étroitement liés dans un conflit qui, au prime abord, semble une rixe entre deux particuliers, mais qui, examiné de plus près, révèle une animosité persistante des deux races implantées, au delà des mers, sur un territoire français, et dont les dissentiments, s'ils ne sont apaisés par la sagesse de la mère patrie, peuvent, en chassant l'une des races, causer à notre commerce de grandes pertes et ruiner nos colonies. Ce sont ces considérations d'ordre supérieur et d'intérêt national qui sont exposées dans ces conclusions :

CONCLUSIONS

Les événements de juillet 1881 et les excitations de la période électorale, jointes aux défaillances des autorités, ont compromis la sécurité de la race européenne à la Martinique.

Si le calme règne à Saint-Pierre, dans la rue, c'est à la patience, à la longanimité, au patriotisme des représentants de cette race, qui, sans cesse insultés, provoqués par les sujets de race africaine, tous ralliés autour de M. Hurard, répondent par le silence et le dédain aux menaces et aux provocations.

La mère patrie ne doit pas oublier, malgré les déclamations de certains humanitaires, que la race blanche, par son activité, son industrie, inhérentes à son organisation, en outre qu'elle a colonisé les Antilles, conquises par son sang, fertilisées par ses sueurs, donne le mouvement aux colonies, aussi bien dans l'agriculture que dans le commerce ; que les hommes de race africaine, apathiques par tempérament, livrés à eux-mêmes, se laisseraient bientôt aller à leur indolence naturelle, et seraient incapables de fournir la somme de travail et d'intelligence exigée pour la prospérité de nos possessions d'outre-mer. L'union des deux races est nécessaire pour atteindre ce but, que le ministère du commerce et des colonies doit naturellement poursuivre. Mais la disparition de la race civilisatrice et dirigeante — il ne s'agit pas ici de politique — ou son amoindrissement considérable compromettrait la prospérité des colonies, dont elle amènerait l'abaissement et bientôt la ruine.

L'exemple de Saint-Domingue parle assez haut pour confirmer cette assertion, et *la Dominique*, île intermédiaire à nos deux colonies des Antilles, à peu près dépourvue d'habitants de race européenne, voit ses vastes terres incultes, tandis que le sol de la Martinique et de la Guadeloupe est couvert de riches plantations de cannes à sucre.

Le sucre est à peu près l'unique production de nos deux colonies. C'est le sucre qui fait vivre l'agriculture et alimente le commerce. Cent mille barriques de cette denrée fournissent annuellement à la marine marchande, dans chaque colonie, cinquante mille tonneaux de fret, sans compter 40 à 50,000 barriques de tafia; et à la métropole, un revenu, par les droits d'importation, considérable. L'exportation se fait sur une pareille base, de sorte que le mouvement est aussi étendu qu'important entre nos ports de commerce et les colonies.

Mais le sucre, agent presque unique de ces transactions, ne se produit pas à bon marché; il faut mettre, chaque année, de grands capitaux dehors, faire à l'agriculture des avances considérables, pour planter les cannes et en récolter le fruit.

Les intérêts métropolitains sont fortement engagés dans ces exploitations, dont la cessation ou l'amoindrissement porterait un rude coup à notre commerce. Or ces intérêts ont mis toute leur confiance dans l'esprit d'initiative, dans l'active intelligence de la race blanche, maîtresse, pour les neuf dixièmes au moins, des plantations à sucre dans les colonies, de même qu'elle est en possession des grandes maisons de commerce.

Que des troubles politiques surviennent encore, qu'à l'occasion d'une rixe entre deux individus de race différente, les deux éléments de la race africaine, forte par le nombre, se réunissent contre les représentants de la race européenne pour les accabler, la colonie perdra sa sécurité, le commerce sa confiance, l'agriculture son soutien et la métropole ses capitaux; sans compter la question d'humanité et de justice, laquelle ne saurait admettre que l'élément civilisateur d'une contrée soit opprimé, chassé peut-être, par l'élément civilisé.

La race blanche a donc besoin, pour vivre aux colonies et les faire prospérer, de la protection efficace de l'autorité.

Bien qu'accessibles à tous les partis, les pouvoirs électifs se trouvent, en réalité, vu sa grande prédominance numérique, entre les mains de la race africaine, qui en use, et en abuse même, pour diriger, à sa guise, les affaires coloniales, et pas toujours dans l'intérêt bien entendu du pays. M. l'amiral Aube a dû, sur ce point capital pour l'avenir de la colonie, fournir à qui de droit des renseignements utiles à consulter, et faire, en même temps, connaître les obstacles qu'il a rencontrés de la part des représentants de la Martinique, pour des mesures que dans son républicanisme aussi éclairé que sincère, il croyait avantageuses au bien-être général. Il s'est brisé contre ces obstacles : les mandataires du pays, devenus ses adversaires pour ne pas dire ses ennemis, trouvant appui et protection dans le précédent ministère, ont eu facilement raison de M. Aube, dont les malheurs de famille n'ont fait que précipiter la retraite, commandée par sa dignité. Que doivent donc attendre, de ces pouvoirs électifs, les représentants de la race européenne, traités de réactionnaires, et, comme tels, tous tenus, à de rares exceptions près, surtout après les derniers événements, autant par leur position que par les exigences de leurs adversaires, en dehors des assemblées délibérantes de la colonie? Dernièrement, au mois d'octobre, lors des élections municipales de Saint-Pierre, ils ont voulu, unis à un groupe d'hommes de couleur, essayer d'une liste de conciliation : ils ont été battus à plate couture par leurs adversaires, tous inféodés au système des vieilles rancunes, décoré du nom de système progressif, et bafoués dans leur tentative concilia-trice par l'organe de la démagogie triomphante, le journal *les Colonies*. Si, repoussés de la gestion des affaires locales, à laquelle, on voudra bien le reconnaître, ils ont quelque droit par leur intelligence et par les contributions qu'ils paient, ils restent, en outre, dans leurs biens comme dans leurs personnes, exposés aux mouvements populaires, à la merci de quelques ambitieux, que deviendront-ils, et que deviendra la colonie avec eux, si le pouvoir exécutif ne les garantit contre l'insulte et la violence ? Nous ne nous livrons pas à des récriminations vaines ; nous voyons froidement les faits tels qu'ils se sont passés, tels qu'ils sont prêts à se produire encore. Avec la toute-puissance du nombre, étant données les tendances actuelles de l'immense majorité africaine, les sujets de race européenne n'ont rien à espérer des pouvoirs électifs ; il est équitable et nécessaire que le pouvoir exécutif leur vienne en aide et les défende, au moins, contre les agissements extra-légaux de la race opposée.

La classe blanche ne demande pas de privilèges incompatibles avec nos institutions modernes ; elle demande le droit commun, la sécurité pour l'existence, la stabilité pour le travail, la protection pour les personnes comme pour les propriétés, l'impartialité dans l'intervention administrative, d'où naîtra la confiance dans le gouvernement.

Or cette confiance, les représentants de cette race peuvent-ils l'avoir dans leur gou-verneur actuel, dans M. Allègre, qui les a publiquement si mal traités, qui les a appelés calomniateurs, réactionnaires, rêvant un passé perdu sans retour et qui les a livrés, eux les persécutés, eux les opprimés, à leurs adversaires de la race africaine, qui ont de leur côté, dit M. le gouverneur, *le nombre et la force ?*

M. Allègre n'est plus possible à la Martinique comme représentant de l'autorité métropolitaine : il a pris couleur, il s'est déclaré pour un parti ; au lieu de tenir la balance égale entre les deux races rivales dont il aurait dû — c'était son premier devoir — chercher à apaiser l'animosité et préparer l'union, il a penché ouvertement, sous pré-texte de république, du côté de l'élément africain qu'il a couvert de son approbation, et repoussé à jamais loin de lui l'élément européen, qui, persécuté par ses ennemis, comptait sur la protection ou, tout au moins, sur l'impartialité du gouverneur.

En admettant que les yeux de M. Allègre se soient ouverts à la vérité, qu'il ait compris l'étendue de son erreur et qu'il soit résolu, le cas échéant, à réprimer les écarts de la multitude, croit-on que les fauteurs de désordre concevront quelques craintes sérieuses d'un homme qui a eu pour eux toute condescendance, qui a proclamé bien haut l'honnêteté de leurs sentiments, leur nombre et leur force et les mauvaises inten-tions de leurs ennemis ?

Non ; si le nouveau ministère veut montrer une sollicitude réelle pour les sujets de la race blanche à la Martinique, leur accorder une protection sûre, attirer leur confiance, et sauvegarder ainsi les intérêts métropolitains engagés dans la colonie, il doit y envoyer un gouverneur nouveau.

Les instructions données à ce haut fonctionnaire seront telles, que, sans compromettre en rien l'idée républicaine ni les institutions qu'elle protège, elles rassurent, au double point de vue des personnes et des affaires, les deux éléments de la population coloniale ; que si le représentant de l'autorité métropolitaine ne peut encore, vu l'excitation existante des esprits, amener chez ses administrés la concorde et la paix, il tienne entre eux la balance égale, assurant aux uns comme aux autres la sécurité, l'ordre et la tranquillité.

Si la parole est conciliante et ferme, la main énergique, la direction droite, on peut être assuré que le calme se fera à la Martinique, la confiance renaîtra, les affaires reprendront leur cours, les intérêts alarmés seront rassurés et les rapports commerciaux entre nos grands ports et la colonie solidement rétablis.

Nous ne croyons pas que M. Allègre puisse exécuter avec succès ce programme indiqué au nouveau ministère, programme qui, nous l'avons déjà dit, réclame un homme nouveau. Mais, si M. le ministre du commerce et des colonies n'a pas sous la main l'homme commandé par la circonstance, s'il est contraint de conserver M. Allègre au gouvernement de la Martinique, les instructions marquées plus haut doivent être fermement recommandées au chef de la colonie, afin que les citoyens français d'outre-mer, à quelque race qu'ils appartiennent, tous égaux devant la loi et tous également protégés par elle, puissent vivre en paix, en attendant l'union et accomplir leurs travaux en pleine sécurité, sous l'égide de l'égalité française.

Dʳ LOTA.

Paris, 24 novembre 1881.

Ce mémoire était sous presse, quand, le 27 de ce mois, le télégramme suivant a été envoyé de Saint-Pierre à M. de Feissal, que les habitants notables de race européenne ont spécialement chargé de défendre les grands intérêts coloniaux dans la métropole :

Feissal, Vigny 8, Paris,

Saint-Pierregrèves tonneliers, gabarriers, arrimeurs, boulangers. Voir *Colonies* 10 septembre. Administration complète inaction, campagne menacée même sort.

L'article des colonies auquel il est fait allusion dans ce télégramme, écrit au plus fort des discussions entre les deux partis, se termine ainsi...

« Nous attendons, disons-nous, car, si un pareil système devait continuer, nous aussi, nous chercherions les moyens d'organiser la *grève* et nous verrions de quel côté on aurait le plus à se plaindre.

La grève a été organisée, et quelles qu'en soient les causes dernières, il faut noter que c'est le journal de M. Hurard qui en a le premier prononcé le nom et proféré la menace.

Ces grèves prouvent que l'agitation à Saint-Pierre, et bientôt dans la colonie, loin de diminuer ne fait que s'accroître. La marine marchande est directement intéressée dans la grève des tonneliers, des gabarriers, des arrimeurs, tous ouvriers contribuant d'une façon plus ou moins spéciale à l'embarquement du sucre ; toute la population blanche doit souffrir du chômage des ouvriers boulangers, le peuple se nourrissant volontiers de farine de manioc ; enfin si la grève s'étend à la campagne, si les travailleurs désertent les champs, c'est fait de la récolte prochaine, c'est le commencement de la ruine coloniale, et, pour nos ports de commerce, une perte immense. Il appartient au gouvernement de la métropole, puisque, — d'après le télégramme, — fidèle à ses agissements antérieurs, l'administration locale laisse faire ; il lui appartient, disons-nous, d'agir avec promptitude et vigueur ; car il doit se souvenir que les grévistes d'aujourd'hui sont les émeutiers d'hier, et que la population africaine si irritable et tout excitée peut vite passer de la grève à l'émeute.

Paris. — Imp. Dubuisson et Cⁱᵉ, rue Coq-Héron, 5.